VENTE AUX ENCHÈRES PUBLIQUES

PAR SUITE DE DÉCÈS

COLLECTION DE MONSIEUR B***

TABLEAUX
MODERNES ET ANCIENS

CATALOGUE

DES

TABLEAUX

MODERNES ET ANCIENS

Par :

BARON, BEGGROW, BOILLY, BONNEMAISON (DE), CAILLE, CALAME,
CHAIGNEAU, COLIN (GUSTAVE), DESGOFFE, DIDAY,
DELACROIX (EUGÈNE), DUPRÉ (JULES), FISCHER, FRANÇAIS,
HARPIGNIES, ISABEY, LAMBINET, LAYNAUD, LÉPINE, MADOU,
MEISSONIER, MOUCHERON, POURTALÈS (DE), RICARD,
ROQUEPLAN, TEN KATE,
VAN BREDAEL, VERNET (HORACE), WEBER (TH.).

Composant la Collection de Monsieur B***

Et dont la Vente, par suite de son décès, aura lieu

HOTEL DROUOT, SALLE N° 9
LE LUNDI 13 NOVEMBRE 1911
A TROIS HEURES

COMMISSAIRES-PRISEURS

Mᵉ Victor **TERNISIEN**	Mᵉ Georges **RIDEL**
10, rue de Chantilly	6, rue de Thann

ASSISTÉS DE :

M. Georges **GUILLAUME**, Expert
13, rue d'Aumale

EXPOSITION PUBLIQUE
Le Dimanche 12 Novembre 1911, de 2 h. à 6 heures

CONDITIONS DE LA VENTE

Elle sera faite au comptant.

Les adjudicataires paieront *dix pour cent* en sus des enchères.

L'exposition mettant le public à même de se rendre compte de l'état et de la nature des objets, aucune réclamation ne sera admise une fois l'adjudication prononcée.

Paris. — Imp de l'Art, Ch. Berger, 41, rue de la Victoire

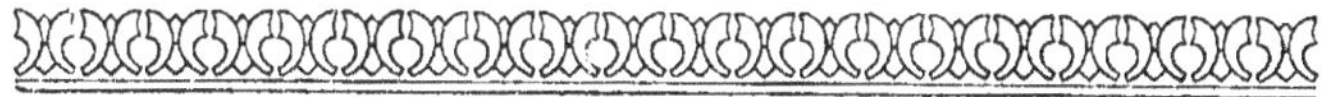

DÉSIGNATION

BARON

1 — *L'Escarpolette.*

> Panneau. Haut., 25 cent.; larg., 18 cent.

BEGGROW

2 — *Une Rue à Dinan.*

> Toile. Signée à gauche en bas et datée : *1884.*
> Haut., 35 cent.; larg. 27 cent.

BOILLY (Louis)

3 — *Les Caresses maternelles.*

> « Une jeune femme debout contemple la bonne mine de sa petite fille dont elle tient la tête dans les mains. »
> Toile. Haut., 45 cent.; larg., 37 cent.

Décrite dans l'ouvrage d'Henri Harrisse sur Boilly, page 93, n° 114.

> *(Vente Boitelle, 24 Avril 1866.)*

BONNEMAISON (J. de)

4 — *Le Boute-selle.*

> Toile. Signée à droite en bas et datée.
> Haut., 78 cent.; larg., 1 m. 3 cent.

CAILLE (Léon)

5 — *Maternité.*

Panneau. Haut., 15 cent.; larg., 10 cent.

CALAME

6 — *Le Lac de Lucerne près d'Altorf.*

Panneau portant le cachet de la vente (mars 1865).
Haut., 10 cent.; larg., 37 cent.

CALAME

7 — *Les Rochers.*

Panneau. Haut. 15 cent.; larg., 36 cent.

CALAME

8 — *La Jungfrau.*

Toile. Haut., 51 cent.; larg., 63 cent.

CHAIGNEAU

9 — *Le Troupeau de moutons.*

Un berger garde son troupeau à la lisière d'un village éclairé par les derniers rayons du soleil couchant.

Panneau. Signé à gauche en bas.

Haut., 15 cent.; larg., 24 cent.

COLIN (Gustave)

10 — *Une Rue en Espagne.*

Toile. Signée à gauche en bas et datée : *1860.*

Haut., 52 cent.; larg., 28 cent.

COLIN (Gustave)

11 — *Barques de pêche au soleil couchant.*

Toile. Signée à gauche en bas.

Haut., 48 cent.; larg., 71 cent.

COLIN (Gustave)

12 — *Les Pêcheurs.*

Toile. Signée à gauche en bas et datée : *1850.*

Haut., 23 cent.; larg., 41 cent.

DESGOFFE

13 — *Femmes à la fontaine.*

Panneau. Haut., 45 cent.; larg., 61 cent.

DIDAY

14 — *Vue d'un lac de Suisse.*

Panneau. Signé à gauche en bas et daté : *1856.*

Haut., 52 cent.; larg., 67 cent.

DIAZ (École de N.)

15 — *Sous bois.*

Panneau. Haut., 29 cent.; larg., 23 cent.

DELACROIX (Eugène)

16 — *Cavalier attaqué par une panthère.*

Toile. Signée à gauche en bas du monogramme *E. D.* et portant au dos le cachet de la vente.

Haut., 28 cent.; larg., 23 cent.

DUPRÉ (Jules)

17 — *Bord d'étang.*

Une maisonnette parmi des arbres, près d'un étang, dans lequel se reflète un ciel clair; au loin à droite, un petit tertre ensoleillé.

Toile. Signée à droite en bas et portant au dos un cachet de collection.

Haut., 16 cent.; larg., 21 cent.

FISCHER

18 — *Vue du lac des Quatre-Cantons.*

Panneau. Signé à droite en bas.

Haut., 23 cent.; larg., 33 cent.

FRANÇAIS

19 — *Peintre au bord d'une source.*

Toile. Signée à gauche en bas.

Haut., 45 cent. ; larg., 37 cent.

GUARDI (École de)

20 — *Vue de Venise.*

Un palais et des maisons s'alignent au bord du grand canal sillonné de nombreuses gondoles.

Haut., 52 cent.; larg., 88 cent.

HARPIGNIES

21 — *La Mare.*

Des vaches paissent dans une prairie plantée de peupliers aux teintes automnales ; deux d'entre elles viennent boire à un petit étang au bord duquel de jeunes paysans se reposent.

Panneau. Signé à gauche en bas et daté : *1857.*

Haut., 18 cent.; larg., 31 cent.

ISABEY (E.)

22 — *Barques de pêche.*

Elles filent au ras des vagues, très couchées par la houle. Le ciel à l'horizon est chargé de nuages noirs.

Panneau. Signé à droite en bas du monogramme, et portant au dos un cachet de collection.

Haut., 21 cent.; larg., 32 cent.

LAMBINET (ÉMILE)

23 — *La Mare aux canards.*

Des canards s'ébattent dans une mare, au pied d'un coteau boisé et près d'une maison au toit de chaume ; sur la droite, deux paysans conduisent un troupeau de vaches.

Toile. Signée à droite en bas et datée.

Haut., 57 cent.; larg., 80 cent.

LAYNAUD (E.)

24 — *La Plage.*

Panneau. Signé à gauche en bas.

Haut., 20 cent.; larg., 31 cent.

LE BOURGUIGNON (D'après)

25 — *Scènes de batailles.*

Deux toiles se faisant pendant.

Haut., 19 cent.; larg., 26 cent.

LÉPINE

26 — *Vue de Caen.*

Des voiliers et des canots se meuvent au bord d'un quai où des marchandises sont entassées devant des docks ; au fond, quelques arbres aux cimes arrondies et un clocher d'église.

Toile. Signée à gauche en bas.

Haut., 37 cent.; larg., 54 cent.

MADOU

27 — *Scène de cabaret.*

Aquarelle. Signée à droite en bas et datée : *1842.*

Haut., 30 cent.; larg., 41 cent.

MEISSONIER

28 — *Portrait de Mme Sabatier.*

Elle est assise dans un fauteuil rouge, vêtue d'une toilette blanche au corsage décolleté agrémenté de nœuds de rubans verts ; le genou gauche est croisé sur le droit et sert de pupitre à un livre ouvert que retient la main gauche. La tête penchée se pose à la main droite relevée dans un geste d'une adorable élégance. La physionomie est souriante et fine.

Panneau. Signé à gauche en bas du monogramme.

Haut., 30 cent.; larg., 25 cent.

(A figuré à l'Exposition Meissonier, Mars 1893.)

MOUCHERON

29 — *Vieille Tour au bord d'un lac.*

Toile. Haut., 42 cent.; larg., 63 cent.

POURTALÈS (DE)

30 — *Vues de Suisse.*

Deux toiles se faisant pendant.

Haut., 80 cent.; larg., 1 m. 14 cent.

REMBRANDT (D'après)

31 — *L'Alchimiste.*

Toile. Haut., 37 cent.; larg.. 31 cent.

RICARD

32 — *Bord de rivière.*

Toile. Signée à droite en bas.

Haut., 66 cent.; larg., 91 cent.

ROELOFS

33 — *Vaches à l'orée du bois.*

Toile. Signée à gauche en bas.

Haut., 91 cent.; larg., 1 m. 27 cent.

ROQUEPLAN

34 — *Coucher de soleil.*

Panneau. Signé à gauche en bas et portant au dos un cachet de collection.

Haut., 23 cent.; larg., 31 cent.

RUYSDAEL (Attribué à Jacob)

35 — *Le Torrent.*

Une cascade aux flots tumultueux bouillonne parmi les roches; sur la droite et en arrière, une maison dans un paysage d'une rayonnante clarté.

Panneau. Haut., 79 cent.; larg., 61 cent.

RYSBRACK

36 — *Lac au milieu des montagnes.*

Toile. Haut., 72 cent.; larg., 94 cent.

TEN KATE (Hermann)

37 — *La Rixe au cabaret.*

Aquarelle. Signée à gauche en bas et datée : *1850.*

Haut., 17 cent.; larg., 27 cent.

TEN KATE (Hermann)

38 — *Le Portraitiste.*

Panneau. Signé à droite en bas.

Haut., 43 cent.; larg., 51 cent.

TOEPFFER

39 — *La Sortie de la messe.*

La foule pressée sort du porche et se répand, parmi des mendiants et des flâneurs, sur une place plantée d'arbres ; à droite, une rue animée s'enfonce dans la ville.

Toile. Haut., 58 cent.; larg., 72 cent.

VAN BREDAEL (F.)

40 — *La Prise d'un étendard.*

Combat de cavalerie : épisode de la guerre contre les Turcs.

Toile. Signée à gauche en bas.

Haut., 52 cent.; larg., 72 cent.

VERNET (Horace)

41 — *Un Grognard.*

> Toile. Signée à gauche en bas du monogramme et datée : *1829.*
>
> Haut., 32 cent.; larg., 24 cent.

WEBER (Th.)

42 — *La Vague.*

> Toile. Signée à gauche en bas.
>
> Haut., 30 cent.; larg., 52 cent.

ÉCOLE ESPAGNOLE

43 — *Portrait d'un Homme coiffé d'un vaste chapeau et vêtu de noir.*

> Toile. Haut., 56 cent.; larg., 47 cent.

ÉCOLE HOLLANDAISE (xviie siècle)

44 — *Portrait en pied d'un Gentilhomme suivi d'un valet et d'un chien.*

> Toile. Haut., 61 cent.; larg., 40 cent.

ÉCOLE HOLLANDAISE (xviie siècle)

45 — *Marine.*

> Composition animée de nombreux personnages sur une plage où des bateaux sont échoués et que dominent deux donjons.
>
> Haut., 26 cent.; larg., 36 cent.

46 — Tableaux omis.